AF346180

PRENDS CONSCIENCE

ET CONDUIS TA VIE

NE LA SUBIS PAS

Mahamane TOURE

PRENDS CONSCIENCE
ET CONDUIS TA VIE

NE LA SUBIS PAS

Sommaire

Préface

Avez-vous déjà eu l'impression que vous ne contrôlez pas votre vie ? Je pense que l'écrasante majorité des gens diront oui. Ce sentiment est compréhensible pour plusieurs raisons.

Nous nous attachons beaucoup plus sur l'aspect extérieur des choses. Le matériel a pris le dessus sur l'abstrait qui est pourtant l'essence même de chaque personne. Nous avançons donc en essayant de combler, par des éléments extérieurs, tout ce qui nous manque. Nous réagissons essentiellement en réaction. En réaction aux actes des autres. Nous dépendons beaucoup des autres. Nos relations restent assez superficielles. Nous n'arrivons pas à créer des vraies relations basées sur la confiance et la sincérité.

Toute relation, toute collaboration, tout acte ne peut aboutir que si les personnes impliquées ont des principes. Elles sont conscientes de leur propre être et interagissent avec les autres pour atteindre des finalités saines.

Quand deux êtres se croisent et sont comblés alors que chacun a d'abord fait le travail de se retrouver, il ne peut naître que de la lumière. C'est pour cela que Carl Gustav Jung disait « Nul ne peut avoir de lien avec son prochain s'il ne l'a d'abord avec lui-même ».

Essayer de donner du sens à sa vie suppose déjà que nous sommes conscients que la vie a du sens.
En réalité, l'action de chercher un sens à notre vie n'est pas naturelle. Notre vie a déjà un sens et il devrait être visible et accessible. Nous ne sommes donc pas censés l'inventer mais plutôt nous questionner pour le découvrir. Un questionnement qui devrait naturellement nous mettre devant l'évidence : le

sens de notre vie, notre vision du monde, nos aspirations les plus profondes.

Une fois ce sens découvert, on apprendra à faire sa connaissance et à faire de lui le socle de notre vie, de nos choix, de nos principes. Nous aurons les clés pour parcourir le chemin, nous aurons la lumière pour voir plus clair. Le piège à éviter est de penser savoir ce que nous voulons sans vraiment savoir qui nous sommes.

Tout le long de cet ouvrage je ne cesserai de te dire de faire ce qui te correspond, ce qui correspond à ta nature, à ta personnalité. Je te demanderai de tracer ta propre route. Je te demanderai d'éviter le conformisme, d'éviter de vouloir être comme les autres coûte que coûte. Mais en réalité, c'est beaucoup plus facile à dire qu'à faire.

Il ne suffit pas de dire « je veux telle chose ». Combien de fois faisons-nous des choses que nous regrettons par la suite ? L'amour d'une chose n'est pas facile à déterminer. Quand nous aimons quelque chose, le manque s'installe et nous aspirons ardemment à l'acquérir. Une envie passagère n'est pas un véritable besoin. Elle peut être due à du caprice, à de la tentation, etc… Il faut dissocier cela d'un réel besoin.

Quand nous aimons vraiment quelque chose, la notion du temps a de l'importance. Ce facteur intervient au départ du processus et à la fin :

- Nous sommes prêts à consacrer du temps pour l'obtenir ;
- Une fois que nous l'avons en notre possession, nous en profitons pendant une longue période.

Pour déterminer ce que nous voulons réellement, deux étapes sont nécessaires.

Tu ne peux pas savoir ce que tu veux si tu ne sais pas qui tu es. La première étape consiste donc à travailler sur soi-même. Il est important de déceler tes traits de caractère de la même façon que tu le fais avec tes amis. Se définir de la façon la plus objective possible, voilà le but. Observe donc ton passé et demande-toi quelles sont les périodes durant lesquelles tu as été le plus heureux et demande-toi comment tu l'expliques. Quels sont les facteurs déclencheurs ? Imagine maintenant les périodes les plus difficiles que tu as traversées. Comment expliques-tu cela ? Quels sont les facteurs déclencheurs ?

N'hésite pas à demander à ton entourage de te parler avec sincérité. Parce qu'en réalité il est toujours plus facile de se mentir à soi-même, de faire semblant de ne pas savoir. Il est toujours plus facile de voir les défauts des autres en oubliant les nôtres, il est toujours plus facile de critiquer les autres en oubliant de se critiquer soi-même. Demande donc aux autres de te parler de toi ! Car Carl Gustav Jung nous rappelle que « Nous pouvons penser que nous avons le contrôle complet de nous-même. Et pourtant, un ami peut facilement nous dire quelque chose de nous, que nous ignorons totalement »

Sur le plan physique, sonde tes capacités. Essaie de comprendre tes prédispositions physiques, tes points forts et tes points faibles. Ces éléments t'aideront à orienter tes choix.

Interroge-toi sur le passé, sur l'histoire. Comment veux-tu un avenir radieux alors même que tu ne connais pas ton histoire ? Connaître l'histoire de ta famille t'aidera à comprendre d'où tu viens. Cela t'aidera aussi à avoir de l'estime de toi, à considérer que ta personne a de la valeur et peut-être à trouver un modèle qui t'inspirera.

Maintenant…

Imagine que tu rentres chez toi, que tu te couches, conscient d'être vraiment chez toi. Tu n'as pas bu, tu n'as pas perdu la tête. Et le lendemain tu te réveilles, comme par magie, dans une autre pièce méconnue. Une pièce totalement différente, que tu ne connais pas.

Venir dans ce monde ressemble à se coucher dans un endroit familier et à se réveiller ensuite dans un autre endroit, totalement inconnu. La réaction de toute personne raisonnable serait d'abord de l'étonnement. Être étonné parce qu'on n'est pas arrivé consciemment à cet endroit. Ensuite, nous aurions peur, parce que nous ne connaissons pas cet endroit. Nous sortons d'un état que nous maîtrisons pour aller vers quelque chose de nouveau. C'est peut-être pour cela que nous pleurons à la naissance.

Tu l'auras compris, se donner les moyens de comprendre d'où l'on vient nous aide à mieux gérer notre vie. Et surtout à créer une vraie symphonie. Une cohérence, une entente entre le cœur, l'esprit et le corps. Une entente entre nos aspirations profondes et nos interactions. Cette symphonie apportera de la cohérence dans nos gestes et dirigera tout notre être vers un idéal. Quand ton cœur, ton esprit et ton corps se dirigent dans la même direction alors tout va bien, tout va bien se passer.

2- Conséquences de nos actes

« Ni dans l'air, ni au milieu de l'océan, ni dans les profondeurs des montagnes, ni en aucune partie de ce vaste monde, il n'existe de lieu où l'être humain puisse échapper aux conséquences de ses actes. » nous disait Bouddha. Cela nous permet de prendre conscience des conséquences de nos actes.

Penser aux conséquences de nos envies est aussi une bonne manière de savoir si nous voulons réellement quelque chose. Agir par passion est souvent risqué. Se laisser submerger par les émotions nous rend moins lucide pour prendre des décisions. Nous devons donc agir consciemment, nous devons nous poser des questions avant de passer à l'acte. Nous devons penser aux conséquences de nos actes avant même de les réaliser. En agissant ainsi nous aurons moins de regrets et nous ferons moins de mal aux autres.

Éclaircissement…

Ne faisons pas l'amalgame, revenir à soi ne veut pas dire ignorer les autres. La vie en société est une nécessité. Personne ne vit seul. Les interactions avec les autres sont inévitables.

Dire de faire ce que nous aimons ne veut pas dire suivre ses passions. L'être humain n'est pas un animal, en tout cas pas seulement. Un animal n'agit que par instinct. L'animal n'agit que par passion. L'être humain est beaucoup plus complexe que cela. Nous avons des envies, certes, mais pas seulement. Nous avons aussi de l'instinct, mais pas seulement. Nos sentiments viennent du cœur, le cœur aime toujours satisfaire ses envies. Mais toutes les envies ne sont pas bonnes pour nous. Si nous les suivons aveuglement, elles nous amèneront certainement à notre perte.

Pour éviter que nos envies, nos passions, nos fantasmes ne détruisent notre vie, nous sommes dotés de raison. Elle pondère nos envies. La raison nous permet de réfléchir. La raison nous différencie des animaux, en tout cas des autres animaux. Elle est une particularité de l'être humain. Elle nous élève, elle nous donne de la dignité !

Le cœur est ton itinéraire ! La raison est un projecteur qui illumine cet itinéraire ! Un itinéraire sans lumière ne donne aucune garantie de rester droit sur le chemin ! Comme disait Steve Jobs « Suivez votre cœur, mais vérifiez avec votre tête ».

Ce recueil est composé de quatre parties :

❖ Les bases nécessaires pour prendre sa vie en main.

Le but est de te faire prendre conscience de certains atouts qui sommeillent en toi.

❖ Les règles indispensables pour prendre sa vie en main.

Le but est de te donner les clés de la vie, de t'aider à comprendre ton environnement et à arriver ensuite à te faire une place de choix.

❖ Les risques à éviter pour continuer à prendre sa vie en main.

Tu as pris ta vie en main, tu as une vie de rêve ; ton rêve, pas le rêve de la société. Maintenant, le but est de te faire redescendre sur terre, de te faire comprendre que la plupart des choses de la vie sont fragiles. Il faut donc rester sur ses gardes, il ne faut jamais oublier d'où l'on vient et le chemin parcouru.

❖ La beauté.

Le but est de ne pas finir sur des risques mais sur des certitudes, ou du moins de l'espérance, sur la beauté des choses qui nous entourent, par l'union de deux personnes, le couple, et par ces gens qui rendent extraordinaires l'ordinaire, les héros du quotidien.

Soyez cléments chers lecteurs, je reste un être humain ! Complexe, je le suis ! Aujourd'hui je partage avec vous mes pensées, ma vérité. Demain est un autre jour !

Soyez cléments chers lecteurs ! Écoutez-moi avec attention chers lecteurs ! Nourrissez-vous de ce recueil mais n'avalez pas tout ! Sachez que tout cela s'inscrit dans un contexte. Adaptez mes dires à vos différents contextes !

Partie 1

PRENDS CONSCIENCE, ET CONDUIS TA VIE

Ne la subis pas

Les bases . . .

Le temps

Le temps est précieux pour continuer à être faux,
Ta vie t'appartient, mène ta vie en concordance avec tes principes,
Sinon tu partiras comme si tu n'avais jamais existé,
Les gens t'oublieront comme si tu n'avais jamais existé.
Votre temps est limité, ne le gâchez pas en menant une existence qui n'est pas la vôtre.

Tu seras comme une personne infortunée, perdue,
Une personne qui ne comprend pas ce sentiment qu'elle ressent,
Ce sentiment d'insatisfaction qui fait mal,
Il est encore temps de te prendre en main !

Ne cherche pas d'excuse,
Que tu sois pauvre ou riche, ne cherche pas d'excuse,
Ta vie ne dépend que de toi,
Ni ta santé physique ni l'état de tes comptes bancaires ne sont essentiels pour ton bonheur !

Certes notre humeur traduit notre joie mais la joie est d'abord intérieure,
Ton intérieur n'a pas besoin de faire le tour du monde, ni d'avoir la dernière chaussure tendance,
Il a juste besoin de toi, de ton amour à son égard,
Il a juste besoin que tu te satisfasses de ce que tu as !

Il ne veut rien de plus,

En gras, citation de Steve Jobs

Il est malheureux de te voir passer ton temps à chercher du
farfelu,
Retourne vers ton cœur, écoute-le et demande conseil à ton
esprit,
Décide d'être libre maintenant, pas ce soir car il n'existe pas.
Ne parlons pas de demain, il n'a jamais existé !

Le temps II

Le temps ne file pas vite, il file seulement
Nous disons très souvent : on verra ce que l'avenir nous
réservera,
Chercher en permanence un bouc émissaire, voilà notre
habitude.
La vie n'est pas la cause de tes problèmes si tant est qu'il y en
ait,
Ta vie d'aujourd'hui n'est que la conséquence de tes choix
d'hier,
Le futur ne dépend pas de la vie mais de toi,
Demain n'est pas dû à la vie mais à tes choix d'aujourd'hui.

L'avenir ne se réalise pas tout seul,
Il ne peut rien, et toi tu peux tout !
Décide donc aujourd'hui, ne subis pas demain !

C'est le présent le futur,
Demain c'est après-demain,
L'avenir n'est que la conséquence de tes actes d'aujourd'hui.

Et le hasard, n'existe pas,
Tout a une origine,
Tout est dû à quelque chose sauf le créateur.
Un mur ne se construit pas tout seul,
Et quand il tombe ce n'est pas dû au hasard.

Tant qu'on avance tout va bien,
Tant qu'on bouge alors tout est en marche.

Rien n'est pire que d'attendre un événement extérieur pour

commencer un projet,
Rien n'est pire que de mettre sa vie en suspens, dépendre des
autres,
Devenir une télévision qui se télé-commande,
Une voiture qui se laisse conduire,
Une ampoule qu'on allume qu'on éteint quand on veut,
Elle ne décide de rien et se consume jusqu'à mourir,
Ensuite on la jette à la poubelle et *next*.

Ne cherche pas l'idéal, construis ton propre idéal avec ce qui
ne te paraît pas idéal.
Étant en bas, ne dis pas que la montagne est difficile à gravir,
tu n'en sais rien !
Commence à monter, c'est la seule façon de savoir,
Et c'est la seule façon d'avancer des arguments fiables,
Et c'est la seule façon de justifier tes choix.

L'expérience est la meilleure façon d'apprendre,
Passer à l'action te rendra crédible aux yeux des autres.

Vivre avec le temps

Nous vivons aujourd'hui dans une ignorance que nous
ignorons,
Nous pensons souvent avoir du temps,
Et pourtant nous n'en avons pas.

Personne ne peut te dire avec certitude qu'il sera encore
vivant ce soir,
Personne ne peut te dire avec certitude qu'il sera encore
vivant demain matin.
Tu n'as pas le temps, tu as seulement maintenant,
Maintenant est beaucoup de temps si tu décides d'en profiter
réellement.

La route est longue et courte en même temps,
On s'impatiente parce que nous voulons tout, tout de suite,
La frustration nous gagne parce que nous avons l'impression
que le temps ne passe pas assez vite,
Et pourtant souvent nous sommes frustrés parce que nous
avons l'impression qu'il passe trop vite,
Où est la vérité ?

Le manque de temps est notre excuse favorite,
Et pourtant nous en avions,
Pas moins que les autres et pas plus que les autres.

Ce sont souvent nos peurs qui nous freinent,
Ce sont souvent la lâcheté, le manque de courage qui nous
détournent de nos buts,

Ensuite nous accordons beaucoup de temps à des futilités pour enfin nous plaindre de ne pas avoir de temps. Quel paradoxe !
L'ennui nous est insupportable, les réseaux deviennent notre refuge, nos meilleurs amis, nos purs ennemis.

Comment peut-on s'ennuyer quand on est ambitieux ?
L'ennui nous gagne pourtant,
Nous vivons sans nous rendre compte,
La vie d'aujourd'hui n'a pas le temps de nous laisser la comprendre,
Nous subissons en nous répétant qu'un jour cela va changer.

Vivre comme si la vie était éternelle, comme si cela ne finira pas un jour,
Vivre comme si demain nous appartenait.

La vie n'est pas éternelle mais la tienne peut l'être si tu le décides.
Elle ne le sera pas si tu passes ton temps à procrastiner,
Elle ne le sera pas grâce à un coup de baguette magique.
Ton étoile n'est pas meilleure que celle des autres.
Il n'y a que tes faits et gestes qui t'élèveront au-dessus des autres,
Ton temps est précieux, en prendre conscience c'est commencer à vivre la vraie vie.
La route est longue et courte en même temps,
La vie, c'est ce qui arrive pendant que vous prévoyez autre chose,
Ton temps est précieux, en prendre conscience c'est commencer à vivre la vraie vie.

Avec le temps

J'espère qu'avec le temps,
J'arrêterai d'espérer et je passerai à l'action,
Je prendrai mon courage à deux mains et foncerai,
Je ferai de ma vie quelque chose qui me correspond !

J'espère qu'avec le temps,
La vie me sourira,
Ma vie sera plus verte pour la planète,
Plus bleue au goût,
Plus jaune pour me réchauffer.

J'espère qu'avec le temps,
Mes regrets seront minces,
Le temps me semblera moins long,
La route moins difficile,
La vie moins dure !

J'espère qu'avec le temps,
Je serai un exemple pour les autres,
Je regarderai le passé avec fierté,
Et je ferai la paix avec moi-même !

J'espère qu'avec le temps,
Mes pas seront plus fermes,
Mon œil sera plus avisé,
Mes décisions seront plus réfléchies,
Mon cœur sera plus apaisé !

Tu es unique I

Les individus sont uniques,
Personne ne ressemble réellement à quelqu'un d'autre.
Tu dois devenir l'homme que tu es. Fais ce que toi seul peux faire. Deviens sans cesse celui que tu es, sois le maître et le sculpteur de toi-même.

Les solutions nous les avons sous nos pieds,
Il suffit de regarder près de soi pas à des kilomètres.

Des problèmes, il n'y en a pas,
Ce sont nous qui les créons,
Pour ensuite nous lamenter,
Pour ensuite nous plaindre.

La vie n'est pas difficile en réalité,
Cependant elle est complexe,
Il y a beaucoup de choses qu'on ne comprendra jamais,
Mais la vie n'est pas difficile, il suffit d'accepter qu'on est imparfait.

La vie est pleine d'opportunités,
Nous ne serons capables de les voir qu'avec le bon état d'esprit.

Au bout du mur, nous disposons tous de pouvoirs insoupçonnés,
La créativité prend le relai et transforme tout en opportunités.

En gras, citation de Friedrich Wilhelm Nietzsche

Pourtant nous sommes au bout du mur, a priori il n'y avait
pas de solution.

L'adrénaline fait que nous voyons ce qu'on n'aurait pas vu en
temps normal,
Les possibilités remontent au cerveau de façons
innombrables,
Les mouvements s'accélèrent, le temps est compté.

Se mettre dans cet état tout le temps, voilà le bon état
d'esprit,
Trouver une niche, quelque chose d'évident mais que
personne ne voit, voici la réussite,
Cela impressionne, les autres diront « pourquoi je n'y ai pas
pensé auparavant ? »

Meilleur qu'hier, il le faut,
Se résigner est contraire à la vie,
Être triste te rendra vilain,
Te plaindre ne t'aidera pas.

Apprendre des autres est inévitable,
Tracer sa propre route doit être un cheminement,
La vie est faite de solutions,
Les problèmes n'existent que pour utiliser ces solutions.
L'aventure nous rend vivants, découvrir nourrit l'âme, apaise
le cœur, aère l'esprit.
Fuir la réalité n'est pas une solution.
Le plan parfait n'existe pas,
Il ne faut pas un plan mais une vision, il ne faut pas un rêve
mais une conviction,
Quand on est convaincu le plan est limpide,
Si nous voulons réellement nous nous en sortirons toujours,

Les pièces du puzzle se réunissent quand le cœur et l'esprit se
dirigent dans la même direction.

On ne répond au danger que par la préparation,
Mieux nous identifions ce à quoi nous avons affaire mieux
nous saurons nous y préparer,
Il faut être faible d'abord pour être fort,
La connaissance n'est gratifiante que si on ne l'avait pas avant.

Parler c'est exprimer quelque chose,
Parler c'est avoir de la dignité mais faire attention à ce qu'on
dit, c'est avoir de la noblesse.

Vivre des émotions fortes fait partie de la vie,
L'alternance des moments de joie et de malheur fait partie de
la vie,
Tout contrôler est impossible dans la vie,
Mais en te contrôlant, tu pourras contrôler ta vie.

Tu es unique II

Nous sommes tous uniques,
Nous avons tous quelque chose qui nous différencie de la majorité.
Tu es unique !
Tu as quelque chose en toi que personne d'autre ne possède.
Quelque chose en toi est unique.
Le monde entier a besoin de ce que tu as d'unique.

N'empêche pas ton talent de s'exprimer en voulant être comme les autres,
Ne prive pas le monde de toi, de ce que tu as de particulier.

Nous avons tous la capacité de changer le monde,
Ta vision est unique !
La vie est faite de possibilités,
Chaque jour tu peux te réaliser encore plus.

Chaque jour vécu est un exercice,
À toi de le transformer en exercice réussi.

La vie est faite de possibilités, chaque jour tu peux te réaliser,
Réalise-toi, produis ton film,
Sois l'acteur de ta vie,
Influence le monde, ne t'en va pas avec ce don,

Chaque jour tu dois gagner, gagner c'est la règle.
Tu ne peux pas échouer, nous avons besoin de toi,
Ne nous prive pas par manque de confiance,

Ne nous prive pas par paresse ou par manque d'ambition.

Acteur de ta vie I

Ton seul ennemi c'est toi-même,
Tout ce qui t'entoure n'est là que pour toi,
C'est toi qui prends des décisions.

Dire « stop », tu peux toujours le faire,
Faire un demi-tour, tu peux toujours le faire.

Tu peux toujours changer de chemin,
Tu peux toujours décider de **PRENDRE TA VIE EN MAIN.**

Il y a des faits de la vie, mais l'essentiel est dû à tes actes.
Tu es l'**ACTEUR DE TA VIE** !

N'attends pas d'elle qu'elle se réalise toute seule.
La vie est un tableau vierge, c'est à toi de la remplir,
C'est à toi de décider ce que tu veux écrire dessus,
Ce que tu veux que les autres lisent et gardent de toi.

Souvent les choses sont difficiles,
Mais ce n'est pas pour autant qu'elles sont compliquées.

Quand tout va bien, l'émotion n'est pas forte,
Quand tout ne se passe pas comme nous le voulions,
L'émotion sera forte quand les choses s'arrangeront.

Tu sais, dans la vie il y a beaucoup de choses qui ne se
passent pas comme nous le voulions,
Nous voyons cela comme une tache sur notre route,
Nous voyons cela comme une anomalie qui vient fausser nos
plans.

Et pourtant en décidant de dire « stop »,
Et pourtant en prenant un autre chemin,
On peut aussi atteindre cette même vie de rêve,

L'avenir peut être merveilleux si nous arrêtons d'espérer à
l'infini
L'espérance est humaine,
Croire et avoir foi en quelque chose est louable,
Mais il ne faut pas être aveugle non plus.

Il faut savoir quand changer de voie, avoir du flair,
Ensuite avancer.
Et ce n'est pas avancer par défaut,
Tout dépend de toi, si tu donnes du tien, le résultat sera
conforme à tes attentes.

N'essaie donc plus, change de façon de faire,
N'attends plus que ça change, va le chercher !

Tais-toi, agis plutôt !
Tais-toi, économise ton énergie !
Tais-toi, fréquente les bonnes personnes !

Ne laisse pas n'importe qui te dire que tu ne peux pas,
Ne cours pas après le temps, tu ne pourras jamais l'attraper,
Exploite l'instant présent,
C'est le seul temps que tu as, qui ne te fuira pas si tu décides
d'agir.

Les idées restent des idées, la certitude se trouve dans l'action,
La parole est légère, elle s'envole rapidement,
La parole devient lourde quand elle devient rare, ne l'oublie pas,
Agis encore plus, fais l'expérience de la vie et tu diminueras tes doutes, tes incertitudes,
Et sache que **ce que tu penses, tu le deviens. Ce que tu ressens, tu l'attires. Ce que tu imagines, tu le crées.**

Acteur de ta vie II

Le temps c'est toi !
La chance c'est toi !
Demain c'est toi !

Les problèmes viennent de toi !
Les solutions sont en toi !
Le pouvoir est en toi !

Tes pensées t'appartiennent !
Tes passions t'appartiennent !
Ta personne t'appartient !
Tes actes t'appartiennent !
Leurs conséquences aussi !

Des conditions favorables, tu peux les créer !
Tu peux fabriquer l'escalier pour monter tout en haut !
Et pourquoi pas l'ascenseur pour aller plus vite ?

Bien évidemment, pour monter vers ta réussite,
Bien évidemment, pour réussir plus rapidement.

Fais de ta vie un rêve,
Fais de ton rêve une réalité,
Fais de ta réalité une passion,
Fais de ta passion l'essence de ta vie.

Rêvons grand, l'échec n'existe pas,
Assis-toi un instant et parle-toi,
Demande-toi ce que tu veux dans la vie,
Demande-toi ce qui est important pour toi,
Demande-toi ce qui te rendra heureux, ce qui t'épanouira.

Imagine ce que tu regretteras de ne pas avoir fait à soixante
ans,
La notion de volonté est très compliquée,
Demande-toi ce que tu veux réellement,
Pas sur le moment, pas sur les quatre ou cinq ans,
Je parle de ta vie, de toute ta vie.

Prends le temps pour bien y penser,
Mets-toi nu pour te voir,
Pour le moment ne te demande pas si ton rêve est réalisable
ou non,
Ne te demande pas si la société l'acceptera ou pas,
Ne te demande pas si c'est trop tard ou pas.

Identifie-le tout simplement,
Ensuite demande-toi ce qu'il te faut pour l'atteindre,
Ensuite suis ton chemin et marche vers la réussite, ta réussite.

Se plaindre ne change rien !
Sauf contre soi-même.
Ne rien faire ne change rien non plus !

Des portes, tu en as à n'en pas finir,
Des clés tu en as à n'en pas finir.

Positiver, c'est tout ce qu'il te reste à faire,
Avancer, c'est tout ce qu'il te reste à faire.

Pour savoir ce qu'il y a devant toi, il faudra sauter le pas,
D'ennemi il n'y en a qu'un : TOI.

Vers ta réussite

Sans remords il n'y a pas de vie,
Sans épreuves il n'y a pas de vie,
Sans la mort la vie n'a pas de sens,
C'est elle qui rend la vie précieuse.

Ce sont les remords qui nous poussent à être meilleur qu'hier,
Se sont les épreuves qui forgent notre caractère.
La réussite n'existe pas en soi,
Mais ta réussite existe bien évidemment.
Tu ne peux pas désigner la réussite,
Mais tu peux désigner ta réussite.

Désigne ce que tu considères comme une réussite,
Ensuite avance **VERS TA RÉUSSITE**.

Si tu ne rêves pas, tu ne feras rien d'important
Rêve, ce n'est pas une perte de temps.
Imagine de grandes choses, ne sois pas suffisant,
Les grandes ambitions sont la marque des grands.

Être quelqu'un de soucieux, c'est vouloir faire des choses
extraordinaires,
Le meilleur défi est envers toi-même,
Le meilleur défi est de devenir encore meilleur,
Ensuite contamine le monde, entraîne les autres avec toi.

Le problème ce n'est pas le rêve,
Tout ce dont nous rêvons, nous y pensons fortement en
amont.

Il faut juste rêver fort,
Pas de doux rêve mes amis,
Il faut rêver par conviction.
Pas de rêve par tentation mes amis.
La vie de l'homme dépend de sa volonté : sans volonté, elle serait abandonnée au hasard.

Ton vrai rêve ne changera jamais,
Ce sont les moyens d'y arriver qui changent.

Les personnes ne changent jamais,
Elles se bonifient juste avec le temps,
Au fond, elles restent qui elles sont,
La richesse montre souvent qui elles sont réellement,
Souvent c'est la pauvreté qui montre qui elles sont réellement.
Ne te soucie pas de la gagne,
Soucie-toi d'être fier de tout ce que tu réalises au quotidien.

Oublie la fin,
Concentre-toi sur le quotidien,
Embellis tout ce que tu touches, voilà **TA RÉUSSITE** !

En gras, citation de Confucius

Être heureux I

Nous méritons tous d'être heureux,
Nous avons tous tout ce qu'il faut pour être heureux.
Il faut souvent travailler sur soi pour se retrouver,
Le principe est de comprendre que ton bonheur ne dépend
d'aucun facteur extérieur.
**La grande affaire et la seule qu'on doive avoir, c'est de
vivre heureux.**

Tes interactions avec ton environnement contribuent
beaucoup à ton bien-être,
Cependant tu es la base, la source de ton bonheur.
Il ne s'achète pas non plus,
Avoir beaucoup d'argent ne te rendra pas forcément plus
heureux que celui qui n'en a pas.

Le bonheur procuré par le dernier smartphone est temporaire,
Raison pour laquelle tu voudras toujours le dernier pour
renouveler ta satisfaction.
La source de ton bien-être existe dans ton quotidien,
Dans ta relation avec ta personne et dans ton intégration au
sein de la société.

**J'ai décidé d'être heureux parce que c'est bon pour la
santé.**
Être heureux existe dans des choses simples,
Ces choses qui ne demandent pas forcément beaucoup
d'efforts,

Être heureux existe dans la prise de conscience de tout ce que
nous avons déjà,
Cela existe aussi dans le souvenir de tout ce que nous avons
déjà accompli.

Être heureux s'acquiert par la prise en compte de tout ce que
nous percevons comme un dû.
Il s'agit de la santé, elle n'a pas de prix.
Il s'agit d'un toit pour s'abriter quelle que soit sa petitesse.
Il s'agit d'un salaire pour vivre quel qu'en soit le niveau.

Acheter ne peut pas te rendre heureux,
Ce que tu as acheté a un prix, le bonheur n'en a pas,
Tu finiras toujours par envier d'autres choses d'une valeur
supérieure,
Toute chose qui a un prix a une valeur estimable, le bonheur
est inestimable.

Toute chose matérielle que tu aimeras finira par vieillir un jour,
Il te faut donc trouver une raison immatérielle,
Quelque chose que nous ressentons mais ne pouvons que
difficilement expliquer,
Quelque chose de fort, de puissant, quelque chose qui nous
anime.

Le curseur de la vie, c'est le juste milieu,
Les choses sont nuancées, il faut garder un esprit ouvert.
La nuance est nécessaire, ne tombe pas dans les extrêmes.
Les extrêmes sont très mauvais. S'égarer et penser détenir la
vérité, quel égarement !

Le juste milieu est nécessaire pour une vie harmonieuse,
Une personne équilibrée est une personne intelligente,
Il faut savoir être sérieux et fun en même temps,
Il faut savoir aimer l'autre sans s'oublier,
Il faut savoir complimenter et faire des reproches
constructifs.

Les choses sont nuancées,
Ta réaction et tes actes doivent aussi s'adapter à la situation,
Il n'y a pas de vie sans intelligence,
Nous ne sommes pas des robots mais des êtres humains,
Dotés de raison, d'intelligence,
Dotés d'un cœur, d'une sensibilité,
Utilisons les pour cultiver le juste milieu, pour avoir une vie équilibrée.

Sache que quels que soient tes revenus tu as de quoi être heureux.
Quand une personne t'offre un cadeau coûteux, tu as le droit de penser que c'est du gaspillage,
Elle dira qu'il ne faut pas se punir soi-même parce qu'elle associe cela à de la punition,
Ou elle dira qu'il faut se faire plaisir souvent parce qu'elle associe cela à du bonheur.

Ne pas suivre le rythme de la consommation de masse n'est pas une punition mais une chance,
Toutes mes félicitations !
Ne pas s'encombrer d'objets ne veut pas dire que nous sommes malheureux,
Nous avons juste fait le choix d'une vie saine,
Une vie qui repose sur d'autres piliers plus pérennes.

Tout ce qui a un prix monétaire ne peut être qu'un moyen pour atteindre l'immatériel,
Notre essence est intérieure, toutes les bonnes choses sont cachées,
Toutes les bonnes choses sont intimes,
Pour les voir, il faut se regarder,
Il faut se donner du temps à soi,

Pas à ton corps seulement, mais à soi,
Pas à tes objets seulement, mais à soi.

Être heureux II

Vouloir aujourd'hui quelque chose de différent dans ta vie est normal,
Mais cela ne doit pas te rendre malheureux.
Ta joie de vivre doit être indépendante de tes envies,
Elle ne doit pas être dépendante de ta condition de vie,
Mais plutôt de ton état d'esprit, de ta vision de la vie.

Lier ton bonheur à un facteur extérieur est dangereux,
Tu trouveras toujours des facteurs extérieurs pour justifier ta mauvaise humeur.
Si ta mauvaise humeur d'aujourd'hui est due à quelque chose d'externe,
Demain tu seras de mauvaise humeur pour d'autres raisons.

Tu n'as besoin de rien de plus, tu as déjà tout en toi depuis ton premier jour sur cette terre,
Apprends juste à te connaître et écoute-toi sincèrement sans faire semblant,
Sois satisfait de qui tu es,
Sois dur avec toi-même afin de t'améliorer,
Sois clément avec toi-même pour être heureux,
Et rends-toi compte que tout ce que tu acquiers en plus n'est qu'un bonus, pas une nécessité.

Le vide

Les gens ne se suicident pas à cause de leur travail.
Les gens ne se suicident pas à cause de la pauvreté.
Les gens ne se suicident qu'à cause d'un vide, un vide qu'ils
n'arrivent pas à combler.
Un vide qui ne se comble pas en faisant du shopping,
Ni en remplissant sa maison d'objets,
Ni en s'habillant tendance.

Ce vide est intérieur, il ne peut se remplir que par une
passion,
Une passion vivante,
Pour quelque chose que nous pratiquons très régulièrement.

Aujourd'hui nous jouons tous un rôle,
En essayant de faire croire que nous n'avons plus de cœur,
En essayant de montrer aux autres qu'on est fort !

Aujourd'hui nous ne prenons pas de temps pour soi,
Se négliger sous prétexte qu'on n'a pas le temps,
Cacher ses émotions pour montrer aux autres qu'on est fort !

Aujourd'hui le physique est tout, le matériel est tout,
La matière grise compte peu, les valeurs comptent peu.
Écraser les autres est un atout, aujourd'hui c'est cela être fort !

Se comporter comme un robot,
Agir sans pitié,
Comme si nous avions un cœur en pierre.

Ce n'est pas le rythme de la vie qui tue,
C'est plutôt ton cœur qui est vide,
Tu l'oublies, il a supporté, il n'en peut plus !

Être occupé en permanence devient une échappatoire,
Tôt ou tard on finira par être face à soi-même, il n'y a pas
d'échappatoire.
**Le pouvoir de l'homme s'est accru dans tous les
domaines, excepté sur lui-même.**

Un cœur entretenu offre un sourire éternel quelle que soit
l'épreuve,
L'espérance nous animera quelle que soit l'épreuve,
Le bonheur sera constant quelle que soit l'épreuve.

Remplis ton cœur

Si les gens disent que tu as réussi mais qu'en réalité tu es
malheureux, alors tu n'as rien réussi.
La réussite ne dépend pas de la perception des autres de toi,
Elle dépend de ta perception de toi-même.
Si les gens t'applaudissent mais qu'au fond tu es superficiel,
alors ils applaudissent ta perte.

Commencer par t'applaudir toi-même est la clé de ton bien-
être,
Cela ne veut pas dire se vanter, ni se croire supérieur aux
autres.
Mais tout simplement être en accord avec soi-même,
Avec sa personnalité, bref ne pas jouer un rôle.

Chaque personne a ses spécificités,
Chacun de nous a une nature propre,
Chaque personne a une vision de la vie,
Chacun de nous a des principes qui lui sont chers.

Dans cette vie, nous faisons la course aux reconnaissances
sociales,
Nous donnons la priorité aux chemins tracés par la société.
Dans cette vie, nous faisons la course à la validation sociale,
Nous donnons la priorité aux vérités de la société.

Le matériel ne remplira que ton appartement.
Ton cœur ressentira un vide si tu ne le nourris pas.
C'est en vivant des expériences qui te plaisent vraiment que
ton cœur se nourrira.

C'est en vivant en adéquation avec tes principes que ton cœur
se nourrira.

Certains artistes célèbres sourient quand ils sont sur scène,
Ils donnent l'impression de mener une vie de rêve.
Ce n'est que de la mascarade ! Ils ne vivent pas vraiment, ils
subissent.
Ils n'ont pas le courage d'affronter la réalité, ils s'évadent
donc dans le paraître.
Une fois les rideaux baissés, ils retournent dans leur vie
misérable, dans leur triste vie.

Ne rêve pas d'une vie de célébrité, ni d'une vie de pauvreté,
Rêve d'une vie heureuse.
Ne mets pas l'argent au centre de ta vie,
Sache juste qu'il t'en faudra au moins un minimum pour
vivre.
Si tu es doué dans ce que tu fais et que tu gagnes plus alors
tant mieux.

Qu'est ce qui compte réellement pour toi ?
La richesse financière n'est qu'un moyen d'atteindre cela.
Et encore, elle peut être un fardeau, une source de ton
malheur.

Vivre pleinement

Sans la mort il n'y a pas de vie,
Nous ne l'aimons pas,
Mais elle est indispensable.

La vie et la mort sont indissociables,
Sans la mort il n'y a pas de vie,
Notre vie a une valeur grâce à l'existence de la mort.

Elle nous pousse à nous accrocher à la vie,
À vivre chaque jour comme si c'était le dernier,
À vivre pleinement avant que l'inévitable, la mort, sonne à
notre porte.

La vie est parfaite si nous acceptons nos imperfections,
Toute notre vie, nous ferons face à nos limites,
Mais aussi à des forces insoupçonnées.
**Souvenez-vous que vous allez mourir un jour : c'est la
meilleure façon d'éviter de croire que vous avez quelque
chose à perdre.**

Se battre au quotidien pour améliorer sa vie, limiter ses
imperfections,
Pas le temps de s'attarder sur celles des autres,
Vouloir que tout soit parfait c'est vouloir une vie de berceuse.
C'est vouloir une vie qui n'en est pas une.

C'est vivre une vie sans goût, sans émotion, sans sentiment !
C'est vouloir la vie des morts, tout en restant vivant !
C'est vouloir une vie passionnante mais sans montagnes

russes !
C'est vouloir une vie passionnante sans prise de risque !
La vie c'est quelque chose de vivant, elle ne fait pas la morte !

Sans but je ne me réveille pas le matin,
Sans défi, il n'y a pas de réussite.

Tout seul je ne suis rien, mais je suis seul responsable de mes actes,
Mon âme est mon ennemie jurée, elle est ma meilleure amie aussi,
Elle veut ce que je veux, mais très souvent elle me veut du mal et pourtant je me veux du bien.
Elle veut assouvir ses envies mais ne pense pas aux conséquences.
Ma conscience reste en éveil, elle me fait constamment des rappels,
Cela me permet encore de garder ma dignité.
Je vois loin, ce qui me permet de rester motivé,
Mon chemin est tracé mais j'ai quand même du mal à rester sur la route,
Plein de tentations me font dévier de temps à temps.
La patience est mon mot d'ordre mais elle me joue souvent des tours,
Je l'utilise comme excuse, on dirait qu'elle n'aime pas cela.

Je ne cesse de me demander si j'arriverai à aller au bout de mes rêves,
En pensant de cette manière je me mettrais des limites ,
Puis je leur trouverais des excuses,
Et pourtant c'est moi qui me suis mis des limites, quel paradoxe !
Pas à pas j'avance vers le succès et vers la fin, vers ma fin, quel paradoxe !

Je veux grandir tout en restant jeune dans ma tête,
Je veux devenir adulte, fonder une famille mais sans vieillir,
quel paradoxe !

Aujourd'hui est-il un jour comme les autres ?
Peut-être pour toi, moi je veux le rendre spécial.

Hier est plus important que demain, aujourd'hui est le
meilleur jour de notre vie.
Ma femme n'est pas ma femme mais ma confidente, ma
faiblesse et ma force, quel paradoxe !

Mes amis ne sont pas des amis, ce sont des frères,
Quand l'un d'eux est touché mon cœur est brisé.

C'est ça la vie, tout n'est pas noir, tout n'est pas blanc, tout
est nuancé,
C'est le paradoxe de la vie mais tout cela reste logique, quel
paradoxe !

L'idéal

Nous avons une idée de l'avenir,
Nous faisons le nécessaire pour que cela se réalise,
Même si l'avenir reste incertain.

Nous ne connaissons pas la tournure que peuvent prendre les choses.
Tâches donc de ne pas être incohérent entre ta volonté et tes actes.
L'être humain reste très imparfait,
Ses certitudes sont minimes,
Ses engagements sont instables.

La perfection nous aurait rendus parfaits,
Sans aucun effort, naturellement.
Veux-tu avoir la vie facile ? Reste toujours près du troupeau, et oublie-toi en lui.

Sur notre chemin ce ne sont pas les tentations qui manquent,
Nous ne cessons d'être séduits par des opportunités de toutes sortes,
Il est cependant essentiel de rester focalisé sur sa route, de rester concentré sur ses objectifs.

Beaucoup de chemins peuvent amener aux mêmes résultats mais tu ne peux pas tous les emprunter ,
Sinon tu te perdras, la route sera longue et un sentiment de frustration te gagnera,

Les opportunités que tu peux voir à gauche et à droite ne
sont pas mieux que celles que tu es en train de saisir.

Dis-toi que les personnes qui saisissent ces opportunités sont
aussi attirés par la tienne,
Dis-toi que c'est la non-acquisition qui donne de l'attrait au
nouveau,
Sinon le nouveau n'est pas forcément mieux que l'ancien.

Reste donc focalisé,
Ton « pourquoi » devra être clair dès le début,
Tu dois t'en souvenir à chaque fois que le doute te gagne de
nouveau.

Pose des fondations solides, elles soutiendront tes actes,
Elles t'aideront à toujours revenir à la source, à revenir vers
ton objectif, à rester sur ta route,
Elles t'aideront à avoir de la cohérence dans tout ce que tu
entreprends.

N'oublie jamais que ta vie est unique.
Ton chemin est spécial,
Il ne ressemble à celui d'aucune autre personne,
Ni à celui de Papa ni à celui de Maman,
Ni à celui de ton frère, ta sœur, ni à celui de ton cousin.
C'est à toi de décider ce que tu veux,
Tes choix peuvent dépendre de tes parents mais il faudra au
préalable le décider,
Faire ce travail en amont est nécessaire pour ne pas se
contredire, pour ne pas vivre par défaut.

Un idéal

Devenir ce qu'on veut n'est pas le plus difficile,
Rester là où nous avons toujours voulu être est encore plus difficile.
Un objectif ne donne pas le souffle nécessaire pour aller au bout,
Il faut un idéal, un rêve raisonnable pas une utopie,
Il faut un idéal smart!

Il te faut un idéal unique, subdivisé en plusieurs objectifs,
Des objectifs qui devront se sanctionner à chaque fois par des récompenses.
Réussir une étape te donne la foi de continuer.

Ne vois donc pas tes objectifs comme s'ils étaient difficiles à atteindre,
En réalité ce ne sont qu'une multitude de petites tâches faciles à réaliser,
Ne te préoccupe plus de ton objectif, il est déjà fixé,
Essaie juste de réaliser régulièrement les petites tâches faciles.
Tu verras que ton objectif était facile à atteindre.

Bats-toi pour l'atteindre,
Ensuite tu vivras la vraie vie,
Une vie faite de défis, d'aspirations et de sensations.
Si ta vie est terne, tu n'en as pas.

Tu es meilleur que tu ne le crois,
Tu as suffisamment de potentiel pour commencer,
Commencer à aller vers ton idéal.

Pas besoin d'attendre d'être prêt, tu l'es déjà,
Il n'y a que l'inaction qui t'empêche d'être parfait,
Agis donc, la perfection est juste devant.

Tout est accessible,
Qu'est-ce que tu veux ?
Non, ne me le dis pas car ce n'est pas important,
Ta réponse ne changera rien, tu peux te réaliser malgré tout !

Lève-toi et commence,
Tout ce qui est nécessaire viendra tout seul,
Que ce soient les gens ou les choses.

Les montagnes russes sont nécessaires.
Notre existence, c'est la vie de tous les risques,
Où il faut rester vigilant pour ne pas chuter.

Plus notre objectif est ambitieux, plus la chute laissera des
traces douloureuses,
La chute est toujours plus facile que l'ascension.

L'absence d'un idéal commun pousse les personnes vers leur
perte,
Un idéal n'existe que dans quelque chose qui surplombe notre
vie quotidienne,
Notre idéal naît d'une réalité continue sans fin.

Il ne faut pas l'imaginer,
Il faut y croire.

Il ne faut pas le dire,
Il faut le faire.

Savoir ce qu'on veut dans la vie n'est pas évident.
Nous le savons tous mais nous fuyons la réalité,
En laissant la place à nos envies éphémères, à nos fantasmes
qui nous détruisent,
Nous cherchons des plaisirs ponctuels au lieu de la sérénité
perpétuelle.
La sérénité perpétuelle n'a pas de prix,
Cela prendra du temps, peut-être,
Mais c'est du temps gagné sur le reste de ta vie.

Si tu ne le fais pas, tu perdras du temps, le temps d'une vie,
Toute une vie à te dire que tu n'as pas eu de chance,
Que tu n'es pas né dans la bonne famille,
Que c'est impossible pour des gens comme toi.

Souvent, nous accusons la famille avec la célèbre phrase « eux
viennent d'une riche famille ».
Cela suppose que tu viens d'une famille pauvre,
Cela suppose que tu accuses tes parents de ne pas être riches.
Ne pas essayer est facile, abandonner est à la portée de tous,
Les excuses sont les meilleures amies de la plupart des
personnes.

Un supplément d'âme

Sans la foi tu n'iras pas loin,
Le chemin est long,
Un supplément d'âme est nécessaire.

Devant un danger,
Quand notre vie est menacée,
Nous avons tous des pouvoirs insoupçonnés.

Ce supplément d'âme nous devons le cultiver,
Nous en rappeler au quotidien pour s'étonner soi-même,
Pour s'étonner tous les jours.
Celui qui a un "pourquoi" qui lui tient lieu de but, de finalité, peut vivre avec n'importe quel "comment".

La vie est faite de choix,
Le bien peut s'exprimer de plusieurs façons, le mal aussi,
Réussir sa vie dépend beaucoup de notre conception de la vie,
Tout n'est pas mauvais, tout n'est pas bon non plus,
Les choix peuvent être multiples,
Beaucoup d'entre eux ramènent au bien et beaucoup d'autres ramènent au mal,
Beaucoup de choix se valent, leur efficacité dépend de comment nous les appliquons.

La conviction joue un grand rôle dans nos réussites,
Les choix doivent être réfléchis en amont,
Les choix doivent être personnels, l'intérêt qu'on y met ne doit pas être mauvais,
Tes choix doivent être faits à des périodes importantes.

Préoccupe-toi de la force de tes envies, de leur origines, de
ton pourquoi.
Elles doivent être profondes et répondre à des besoins à
l'échelle d'une vie,
Tes choix ont un impact sur ta vie, sur la façon dont tu
imagines ton avenir,
Sur tes relations humaines, sur ton tempérament.

Partie 2

PRENDS CONSCIENCE, ET CONDUIS TA VIE

Ne la subis pas

Les règles . . .

La sélection naturelle

Vouloir plaire à tout le monde c'est déplaire à soi-même,
On s'éloigne de soi en voulant plaire aux autres.

Et quand tu t'en rendras compte, tu seras seul !
Tout le monde ne t'aimera pas !
En te comportant ainsi,
Ceux qui t'aiment ne te comprendront plus !
Loin de ta vraie nature, tu le seras,
Loin des personnes qui t'aiment, tu le seras,
Te comprendre toi-même, tu ne sauras plus.

Tes proches ne savent plus qui tu es,
Te définir, ils n'y arrivent plus,
Et c'est ta faute, c'est toi qui te dénatures en voulant plaire à
tous.

Accepte qui tu es,
Montre ta propre personnalité,
Et améliore- toi en partant de là, deviens une meilleure
personne chaque jour.
Ceux qui aiment ta personnalité viendront naturellement,
Comme tu iras vers eux naturellement.
C'est juste eux dont tu as besoin, pas de tout le monde.
Ce sont eux qui comprendront tes états d'âme.
Ce sont eux tes compagnons en toutes circonstances.
Ils sont contents pour de vrai quand un bonheur te touche.
Ils se soucient de toi quand tu traverses un moment difficile.
C'est juste eux dont tu as besoin, pas de tout le monde.
Vouloir les sélectionner comme on sélectionne des candidats

est très prétentieux.

Sois toi-même,
Montre aux gens qui tu es vraiment,
La sélection se fera naturellement.

Tu n'as pas besoin de tout ça

Par habitude, nous restons des années dans beaucoup de
choses qui ne nous plaisent plus,
Par habitude, nous ne voyons pas notre vie passer sous nos
yeux.
Sortir de sa zone de confort, beaucoup d'entre nous n'osent
pas le faire.

Des charges inutiles, nous en créons tous les jours,
La pression est de plus en plus forte,
Les caprices de plus en plus nombreux.

Consommer toujours plus, c'est ça notre monde,
Se plaindre de ne jamais gagner assez, voilà notre monde,
Pourtant c'est notre choix de consommer plus, personne ne
nous force.

Tu peux décider de vivre simplement,
Tu peux décider de vivre de manière minimaliste,
Tu n'as pas besoin de dépenser à n'en pas finir.
Tu n'as pas besoin d'être dépendant d'objets inutiles.
Tu n'as pas besoin de tout ça.
Tout ce qui a son prix est de peu de valeur.

Ne te soucie pas de la fin, avance juste vers elle,
Les expériences sur le chemin procurent plus de plaisir que
toute autre chose.

Avance tous les jours,
Vis les expériences de la vie,
C'est cela la vie, c'est cela la réussite.

Le respect

Dans la vie, la faiblesse n'est pas une option,
Le faible ne vit pas, il subit.

Sois franc, les autres te connaîtront mieux,
Exprimer le fond de ta pensée t'aidera à éviter toute
ambiguïté.

La société a ses règles et la vie est dure,
Si tu t'étales comme une serpillière, les gens te marcheront
dessus.

Avoir confiance en soi est primordial,
L'orgueil n'est pas de la confiance mais une maladie, fais donc
la distinction.

Sois humble, tu en sortiras plus grand,
Mais fais-toi respecter car c'est ta dignité qui en dépend.

Cherche toujours le juste milieu,
Et reste nuancé dans tes observations.

**Le défi du leadership est d'être fort mais pas impoli ;
soyez gentil, mais pas faible ; soyez audacieux, mais pas
intimidateur ; être réfléchi, mais pas paresseux ; soyez
humble, mais pas timide ; soyez fier, mais pas arrogant ;
avoir de l'humour, mais sans folie.**

En gras, citation de Jim Rohn

Être honnête

Être honnête envers toi-même te rendra unique,
La sincérité te rendra indispensable,
Et la franchise plaît même quand cela fait mal.

Tu seras respecté si tu restes droit dans tes bottes,
Dire ce que tu penses des gens en face est la seule option,
Sinon tais-toi !

Dans la vie, il ne faut pas être difficile,
Ne cherche pas en permanence les défauts des autres,
Les autres peuvent faire pareil.

Occupe-toi à t'améliorer,
Fais des critiques constructives aux autres en leur présence,
Sinon tais-toi !

Parler dans leur dos ne les aidera pas à s'améliorer,
Qu'on parle dans ton dos ne te plairait pas non plus.

La vérité

On veut bien l'exprimer, le vrai,
On veut bien l'évoquer, la vérité.
Nous mentons souvent,
Et pourtant nous avons en tête un objectif noble.

Essayer d'apaiser la situation, c'est ce qu'on essaie de faire,
Se sortir d'une situation inconfortable, c'est ce qu'on essaie de
faire,
Mais est-ce vraiment la solution?
Fuir la vérité est-ce la solution ?

Fuyez la réalité et elle revient encore plus fort.
Ce n'est qu'une question de temps,
Avant que la vérité nous rattrape à nouveau et triomphe à
nouveau sur le faux.
Faire semblant n'est pas la solution,
**Vivre est la chose la plus rare. La plupart des gens ne
font qu'exister.**

Prends acte des faits, assume les conséquences, voilà un bon
début.
Prends des décisions pour avancer, voilà une bonne
résolution.
Ne repousse pas incessamment, voilà une belle victoire.

En gras, citation de Oscar WILDE

La peur

La peur est naturelle.
La vie est pleine d'inconnues.
Découvrir de nouvelles choses chaque jour, c'est la règle.

Nous vivons aujourd'hui mais demain reste un mystère.
Des résolutions sont prises, des orientations sont fixées,
Cependant les résultats restent incertains.

La peur est donc normale.
Les tenants et les aboutissants ne sont pas évidents à
maîtriser.
Vivre avec cette sensation de peur est inévitable.
**La vie, ce n'est pas d'attendre que l'orage passe, c'est
d'apprendre à danser sous la pluie.**

Il faut l'utiliser, il faut la transformer,
Il faut utiliser la peur pour produire de l'adrénaline,
Il faut l'utiliser pour la transformer en force.

L'état d'esprit détermine tout le reste,
L'expérience dissipe la peur,
L'expérience augmente la confiance en soi.

N'affronte pas la peur, tu perdras.
Accepte d'avancer en ayant la peur au ventre, tu gagneras.
Il n'y a pas de plan B.

Avance et tu verras qu'elle n'est qu'une émotion,
Avance et tu verras que tu réussiras,

Avance et gagne en expérience.

L'expérience dissipera ta peur,
Elle ne sera plus un frein,
Tu n'auras plus d'excuse pour passer à l'action.

Le mental doit prendre le dessus sur l'émotion,
Passer à l'action est la meilleure façon de réussir,
Passer à l'action permettra d'acquérir de l'expérience,
D'expérience en expérience, augmente ta confiance en toi,
La confiance en soi est l'essence de toute réussit

Parfois nous pensons ne plus avoir de cartes à jouer,
Parfois nous pensons avoir déjà utilisé toutes nos cartes,
Et que des possibilités, nous n'en avons plus.

La peur nous retient vraiment,
La peur d'échouer à nouveau nous retient,
La peur de l'humiliation nous retient vraiment.

Repousser nos sentiments voilà ce que nous faisons,
Nous renfermer sur nous-même voilà ce que nous faisons,
Ne plus prendre de risque, voilà le risque.

Ignorer la vérité devient notre credo,
Se trouver des excuses devient notre habitude,
Se mentir jusqu'à y croire, voilà le risque.

Nous prenons du temps à accepter ce qui nous déstabilise,
Notre vie de rêve risque de nous passer sous les yeux,
Par peur de chuter,
Par peur d'être blessé.

La peur est normale,
Mais y rester n'est pas normal.

Tu ne peux pas être meilleur si tu ne te surpasse pas,
Le risque est nécessaire,
Le danger fortifie, si tu te sens en danger alors continue, tu es
sur le bon chemin.

Un œil avisé affronte mieux le danger,
Tes ennemies sont parmi tes amis,
Ne regarde pas derrière toi mais regarde plutôt devant et
méfie-toi de ce que tu vois.

Cherche quelques amis, ils te suffiront,
La plupart des gens ne sont bons que quand cela les arrange,
Ils changent quand ils ont l'impression d'avoir obtenu ce
qu'ils voulaient.

J'ai voulu conquérir le monde pour satisfaire mon ego,
J'ai oublié ce que je voulais réellement,
La joie qui se dessine sur mon visage dépend des
applaudissements des autres, quelle défaite !

N'essaie plus, change de façon de faire,
N'attends plus que ça change, va le chercher,
Tais-toi, agis plutôt,
Tais-toi, économise ton énergie,
Tais-toi, crée l'opportunité.

La source

L'objectif de la vie n'est pas de passer son temps à se
comparer aux autres,
L'objectif de la vie n'est pas d'atteindre le plus haut rang de
l'échelle sociale,
Mais de viser le plus haut et de croire vraiment qu'on peut y
arriver.
Le but de la vie n'est pas d'arriver tout en haut,
Mais de vivre toutes les expériences qui se présenteront à toi
sur le chemin.

Les expériences sont la vie, les vivre est nécessaire pour
atteindre la plénitude,
Se connaître soi-même est à la base de toute chose,
Se poser des questions est essentiel.
Comment se fait-il que les émotions soient nécessaires pour
que je me sente vivant ?
Qui a établi cela ?
Se connaître soi-même est la première étape pour chaque
personne qui se respecte.

Tu es dans une maison qui s'appelle le monde, comment se
fait-il ?
Tu ne l'as pas décidé, en tout cas tu n'en es pas conscient.
Et comme par hasard tout est fait pour que tu te sentes bien,
Et pourtant le hasard n'existe pas.

Un écosystème impressionnant,
Une biodiversité exceptionnelle,
Un univers qui donne le tournis.

Un univers qui fonctionne avec des règles physiques et chimiques d'une précision incroyable.

Trouve la **SOURCE** de ta vie, accroche-toi à elle et la vie s'accrochera à toi pour l'éternité.
Tu ne peux pas vouloir réussir en te basant sur la réussite des autres.
Ta réussite passe par un travail personnel sur tes propres besoins.
Ce sont tes besoins qui définiront tes réussites.

Il est nécessaire de savoir ce qui est important pour toi.
À ce stade, il faudra faire abstraction de tout ce qui est en dehors.
Il n'y a personne d'autre, il n'y a que toi.
C'est un moment d'égoïsme.

C'est toi qui détermines tout ce qui est en dehors,
Il n'y a que toi en face de toi et rien d'autre.
Il n'y a pas de matériel, il n'y a que toi.

Ne me dis pas que tu veux telle ou telle chose,
Mais dis-moi ton but ultime,
Dis-moi ce qui est important pour toi,
Pour toi, et pas pour quelqu'un d'autre.
Cependant les autres peuvent jouer un rôle essentiel,
Mais pour le moment tu n'en es pas à ce stade,
Reste concentré pour découvrir ta nature.
Comment veux-tu donner du sens à ta vie si tu ne prends pas de temps pour toi ?

La plupart du temps nous parlons de nous-même par rapport à nos interactions avec les autres,
Nous ne prêtons plus attention à notre univers propre,

Nous ne vivons plus qu'à travers une carrière professionnelle.

Nous n'apprécions plus ce que nous avons,
Mais plutôt ce que nous n'avons pas.
Dès que nous acquérons un bien, notre esprit convoite déjà le
suivant.
Alors pourquoi voulais-tu le précèdent ?
Si tu en avais vraiment besoin, tu ne pourrais pas ne plus en
vouloir en un instant record.

La meilleure choses à faire dans la vie c'est de la vivre
pleinement.
C'est en la vivant pleinement que nous n'aurons que peu de
regrets.
Écoute ton cœur, tes envies.
Écoute ta raison, ta dignité.
Le but est de trouver un équilibre,
Pour enfin regretter peu de chose

Sois constant

Dans la vie il faut toujours continuer à se battre,
S'arrêter en cours de route, c'est tout ce qu'il ne faut pas faire,
Abandonner, c'est tout ce qu'il ne faut pas faire.
Notre plus grande gloire n'est point de tomber, mais de savoir nous relever chaque fois que nous tombons.

Ce que nous aimons peut se briser,
Cela nous brisera aussi le cœur,
Mais nous pouvons toujours recoller les morceaux,
Ne pas tout perdre c'est déjà ça,
Laisser tomber c'est tout perdre.
À cœur vaillant rien d'impossible,
Quand le cœur y est, tout y est.
Quelles qu'aient été les difficultés du passé, tu peux toujours recommencer à zéro aujourd'hui.

Sache que toute réussite qui t'arrive n'est que l'aboutissement d'efforts antérieurs,
Ne pense pas que la dernière action pour atteindre ta cible est la raison de ta réussite,
Au contraire, la plupart du temps elle vient juste compléter l'expérience acquise après plusieurs tentatives antérieures,
Et quand ta dernière tentative est différente des autres, sache quand même qu'elle n'est que la conséquence des autres.
Sois ton insistance, ta persévérance a fini par payer,
Sois ton insistance, ta persévérance a fini par t'apprendre la bonne façon d'atteindre ton objectif.

Dans la vie, beaucoup de choses ne s'acquièrent qu'avec le temps.

La patience est donc une bonne amie quand elle est suivie par
l'action,
Il faut endurer et surtout il faut se rendre compte que le
temps n'est pas plus long qu'hier.
Ce n'est qu'une impression due à la dureté de ce que tu subis,
Reste concentré, tout ce que tu endures finira par payer,
Aucun acte ne restera vain quand cela a du sens au moment
où tu l'entreprends.

Nous avons tous des potentiels incroyables,
Nous pouvons tous réaliser des choses incroyables,
Notre différence par rapport aux autres est une force,
C'est un atout que tu as et que les autres n'ont pas,
Mais à force d'envier les autres tu ne vois pas ton potentiel,
À force de rester concentré sur les autres, tu ne te rends
même pas compte de tes qualités
Tu peux apporter beaucoup de choses aux autres,
Tu peux les émerveiller en restant toi-même,
En restant simplement toi-même,
En exprimant réellement le fond de ta pensée,
En suivant la voie qui te tient réellement à cœur.

Si tu n'as pas besoin d'une voiture ne l'achète pas,
Ce n'est pas aux autres de te dire que tu en as besoin,
Tu n'as pas besoin de faire cela pour ressembler aux autres,
Ni pour avoir leur validation.

Si tu n'as pas besoin d'un grand appartement, alors reste dans
ton studio,
N'explose pas tes dépenses en voulant plaire à une personne
qui t'intéresse,
N'écoute pas ceux qui te disent que tu en as besoin,
Les besoins universels ne sont pas nombreux,
La voiture n'en fait pas partie,
Si tu en as vraiment besoin alors c'est une nécessité.

C'est à toi de le déterminer et pas parce que tout le monde te

harcèle,
Si tu as de l'argent, tu n'as pas forcément besoin de le
dépenser en achetant des objets,
Tu n'as pas besoin de te gaver d'objets inutiles qui ne te
servent que très peu,
Tu peux aussi aider des proches,
Tu peux aussi dépenser dans une cause qui te tient à cœur,
Bref l'argent ne sert pas qu'à payer des objets dont tu n'as pas
besoin.

Ne cherche pas à être parfait,
Cherche juste à être plus parfait qu'hier.
N'imite pas sans y croire,
Crois d'abord, ensuite imite.

Le pouvoir de l'imitation est impressionnant s'il part d'une
conviction,
Et non si cela est basé sur l'apparence,
Ou sur une mauvaise motivation.
Ne cherche pas à être parfait,
Essaie d'être vrai,
Si tu es vrai alors tu es parfait.

La génération

Nous parlons souvent de génération, en disant « nous
sommes de la même génération »,
On se rend compte d'un fait commun, d'une tendance et
disons « c'est leur génération »,
Comme si, à un instant donné, pendant une décennie,
Un groupe de personnes a partagé la même philosophie,
aspiré à la même chose.

Et pourtant, ce n'est pas leur génération, c'est la conséquence
de la génération précédente,
Les idéaux d'une génération ne sont que la conséquence de la
précédente,
C'est la preuve vivante de leurs choix, de leurs orientations,
de leurs actes.

En réalité nous sommes tous très différents,
Le conformisme est le mal de nos sociétés.
Nous avons ce besoin d'être vu comme les autres,
Nous cherchons à éviter la phrase « il est bizarre »,
À éviter qu'un groupe de personnes nous regarde bizarrement
en rigolant.

On se renie donc pour s'intégrer, du moins pour essayer,
Le sourire est forcé pour que l'autre croie que ses dires sont
compris et partagés.
Le battement du cœur est ralenti en voulant plaire aux autres,
En réalité nous pensons qu'il battra plus fort en se reniant,
quel paradoxe !

Nous pensons que notre cœur battra plus fort,
Nous sommes tous perdus,
C'est ça le problème de notre société.
Cantonner à rester dans le cercle,
Emprisonner dans la case,
Une vie déjà tracée dès la naissance.
C'est cela le problème de nos sociétés dites modernes.

Partie 3

PRENDS CONSCIENCE, ET CONDUIS TA VIE

Ne la subis pas

Les risques . . .

L'école

L'école est censée nous apprendre la vie, pas seulement des
disciplines, pas seulement un métier.
Mais, dans la réalité, l'école ne nous apprend même pas un
métier, elle nous apprend tout simplement à passer un
examen.
**La vie n'est pas un problème à résoudre mais une réalité
dont il faut faire l'expérience.**

L'école nous fait croire que la vie est une course de vitesse,
Et que le meilleur est celui qui a la meilleure note,
Que celui qui n'a pas la moyenne est mauvais !

On ne nous apprend pas que la valeur de la personne n'est
pas dans la note,
Mais dans sa capacité à se relever, à accuser le coup, à revenir
plus forte !

Dans la vraie vie, tout le monde aura un 0/20.

Tout le monde aura des échecs, j'allais dire des expériences.
Ceux qui se relèvent comprennent que c'était juste une
expérience,
Et ceux qui ne se donnent pas les moyens diront qu'ils ont
échoué.
Ils ont échoué dès le moment où ils s'en persuadent.

En réalité c'est l'école qui a échoué,
Elle ne nous a pas appris à nous donner les moyens de
réussir,

Mais plutôt à culpabiliser, à perdre confiance en nous.

La nouvelle religion

L'argent est la nouvelle religion,
Il est au centre des interactions humaines.
Tous les matins, à chaque lever de soleil, nous nous réveillons
sans motivation.

Le travail n'est plus une activité, ni une valeur,
Il est devenu un moyen de gagner de l'argent, pas de gagner
sa vie.
L'argent n'est plus un moyen pour vivre, il est devenu une
finalité.

Notre vie se résume essentiellement à notre carrière,
Gagner sa vie ne suffit plus,
Il faut gagner beaucoup plus pour être considéré comme
quelqu'un qui a réussi.

Gagner chaque année encore plus,
Chaque année avoir une évolution de poste,
Le salaire et le titre du poste déterminent notre rang.

Et la qualité de ton quotidien ?
Et ta vie familiale ?
Et ta santé psychique et physique ?

Nous préférons le titre, quelles que soient ses conséquences
sur nous,
En pensant que le titre et la richesse résoudront tous nos
soucis.

Quel que soit le prix,
Quelles que soient les conséquences, d'ailleurs nous pensons
peu aux conséquences.

Le risque

La joie est à son paroxysme,
Quand on réussit quelque chose qu'on croyait inatteignable,
On se voit pousser des ailes, le chemin est dégagé.

Ensuite on s'habitue,
Ce qui nous mettait des étoiles dans les yeux hier devient
quelque chose de normal.
Souvent, c'est la vie qui nous rattrape, elle nous met face à
nos propres déviances.
Nous oublions que les moments de bonheur et de malheur se
succèdent.

La vie nous ramène à la réalité,
Notre empire peut s'effondrer,
En une fraction de seconde nous quittons le 48e étage pour le
rez-de-chaussée.
Une posture qui transpirait la confiance se transforme en une
posture de personne abattue.

Nous avons tellement peur de nous tromper,
Affronter notre propre réalité, nous ne le voulons pas.
La peur de rater nous empêche d'avancer,
De nous amuser, d'exprimer nos talents, d'explorer le champ
des possibilités.
**On ne doit jamais tourner le dos à un danger pour tenter
de le fuir. Si vous le faites, vous le multipliez par deux.
Mais si vous l'affrontez rapidement et sans vous dérober,
vous le réduirez de moitié.**

Rentrer dans une humeur très sérieuse, voilà le risque,
Faire semblant d'être parfait, voilà le risque,
Se donner une image qui ne nous correspond pas, voilà le
risque.
Ou devrais-je dire l'image que la société a choisie pour nous.

Quand on refoule nos sentiments, on devient superficiel, nos
paroles sont frivoles.
Et on donne l'impression de tout maîtriser alors qu'on ne
maîtrise rien,
D'être heureux alors que nous saignons de l'intérieur,
On donne l'impression d'avoir une vie remplie alors que nous
sommes vides à l'intérieur,

Ne perds pas le contrôle

Les mots nous manquent quand des événements touchent
notre cœur,
Les mots nous manquent quand les événements nous
dépassent,
Nous nous sentons submergés.
Se noyer au fond d'un océan sans possibilité de s'en sortir,
Paniquer et gaspiller le peu d'énergie qu'il nous restait.

Le cœur prend le dessus sur la raison,
Lucides, nous ne le sommes plus.
L'équilibre entre l'émotion et la raison est la clé pour gérer
toute situation.

Se donner à cent pour cent tout en ayant du recul est de l'art,
Aimer tout en sachant laisser souffler,
Sympathiser tout en sachant rester professionnel.

C'est ça la vie, tout n'est pas blanc, tout n'est pas noir,
Tout n'est pas jaune, tout n'est pas rouge,
Le ciel est souvent bleu et le lendemain il est gris,
Souvent il est clair et l'instant d'après il est couvert de nuages,
Et pourtant c'est toujours le ciel, il ne bouge jamais.

Il accepte ces changements et arrive toujours à rester sublime,
Quand il est bien dégagé, il est sublime, éclairé et très beau,
Il accepte le soleil pour nous donner la lumière du jour,
Il accepte la lune pour nous donner la lumière nocturne,
Il accepte les nuages pour nous donner de l'eau, de la vie,
C'est ça, le ciel ! Il a compris ! Il s'adapte et il s'impose en

même temps.
Et toi, as-tu compris ?

Garde les pieds sur terre

Tu as peut-être bien avancé dans ta vie,
Les planètes semblent bien s'aligner pour toi,
Tout ce que tu touches se transforme en or,
Tu disposes de capacités physiques et intellectuelles au-dessus
de la moyenne.

Garde quand même les pieds sur terre,
La vie est fragile, les choses peuvent vite changer.
Apprécie les victoires de ta vie,
Sois content quand des heureux évènements t'arrivent.
Mais fais-le avec retenue, fais-le avec mesure,
Sinon la chute sera dure.

Si des événements malheureux te touchent,
Ressentir de la douleur est normal,
Le chagrin te ronge, avoir sommeil sans pouvoir dormir.
Tu as le droit d'être triste, tu as le droit de verser des larmes.
Mais fais-le avec retenue, fais-le avec mesure,
Sinon ta souffrance sera infinie.

La vie sur un fil

C'est quoi le but de la vie si ce n'est d'être heureux ?
C'est quoi le but de la vie si ce n'est la mort ?

Nous pensons avoir tout le temps devant nous,
En oubliant que tout peut basculer à tout moment.

Un accident et tu passes de l'autre côté,
Une maladie incurable et tes jours sont comptés,
Un chagrin d'amour et rien n'a plus de goût,
Une grosse trahison et te voilà à terre.

La vie ne tient que sur un fil,
Des certitudes il y en a très peu.

Solidifie tes fondements par le détachement,
Distingue les besoins et les caprices.

Donne une direction à ta vie,
Ne vis pas sans envie ni vision.

Marche en faisant des pas fermes,
Parle en parlant du ventre.

Jamais trop tard

Faire quelque chose, nous le pouvons toujours,
Un simple sourire fait plaisir,
Une écoute active fait plaisir,
Un bonjour fait plaisir.

Les bonnes personnes n'attendent pas de toi un objet,
Elles veulent juste ta présence,
Elles ont juste besoin de ta présence,
Elles ont juste besoin de partager ton quotidien,
Elles veulent connaître ton univers, tout simplement,
Elles veulent pouvoir compter sur ton soutien, tout
simplement,
Avoir confiance en toi, tout simplement.

Le temps passera toujours plus vite,
Quand l'amour guide nos actes,
Quand la sincérité guide nos actes.

Souvent, le monde est cruel,
Il nous oblige à renoncer à notre passion,
Cela rend triste.

Cela se voit sur nos visages,
Les yeux restent figés sur l'objectif,
La pensée est accaparée par la passion,
Les pieds traînent en partant,
Le cœur est attristé.

Conscients de la réalité, nous ne le sommes pas souvent,

Les moments difficiles nous ramènent sur terre,
Voir la réalité, se ressaisir et rebondir.

Aujourd'hui t'appartient

La vie n'est pas censée être difficile,
C'est nous qui nous construisons des barrières,
Il suffit de les déconstruire pour avancer.

Notre existence n'a pas de limite,
Il n'y a pas de temps réglementaire,
Il n'y a pas de vingt-quatre heures, ni douze mois, il y a juste
la vie !

Chaque jour est différent,
Chaque jour est une chance,
C'est aujourd'hui qui t'appartient, demain n'existe pas !

Demain c'est aujourd'hui,
Après-demain, c'est demain qui est aujourd'hui,
Ce n'est même pas aujourd'hui, c'est maintenant, à l'instant
T !

Décide maintenant ce que tu veux faire de ta vie, commence
tout de suite.
C'est cela la vie mes frères,
C'est cela la vie mes sœurs.

PRENDS CONSCIENCE, ET CONDUIS TA VIE

Ne la subis pas

La beauté . . .

La beauté

En réalité tout est beau, rien n'est laid,
Ce sont nos pensées qui dénaturent les choses,
En réalité tout est beau, tout est magnifique.
C'est nous qui pervertissons,
C'est nous qui créons le faux,
C'est nous qui commettons le mal.

Vis avec des valeurs solides sans frivolité,
Écoute sans préjugés,
Prends le temps d'apprendre de l'autre sans le juger.

Avoir de l'humilité c'est savoir,
Trop d'orgueil c'est de l'ignorance,
Sous-estimer c'est de l'ignorance.

Tout le monde peut t'apprendre quelque chose,
Faible, tu l'es ! Si seulement tu savais !
Les autres, tu en auras toujours besoin ! Si seulement tu
savais !

Une chute est toujours plus facile qu'une réussite,
Mais dans la vie, tu auras plus de réussites que d'échecs.
Dans la vie, il faut trouver le juste milieu dans tout ce qu'on
fait.

Juger quelqu'un, nous aimons bien,
Aider à s'améliorer, nous faisons peu,
Penser solution, nous pensons peu.

Le couple

Nous réfléchissons beaucoup par égoïsme,
L'autre, nous y pensons peu.
Intelligents, nous pensons l'être.

En matière de couple, personne n'est intelligent,
C'est le couple qui doit être intelligent,
Un couple doit faire un ou se compléter.

Quand les efforts ne sont fournis que par une partie,
Il n'est plus possible de garder un équilibre,
La balance finira par basculer et l'équilibre par s'envoler.

L'équilibre c'est tout,
Une vie heureuse en dépend,

Quand les efforts ne sont fournis que par une partie,
La balance est déséquilibrée, cela pèsera sur une des parties.

Pour une vie de couple réussie il faut une envie commune
De marcher dans le même sens,
S'entraider mutuellement.

Vous devez avoir un but ultime,
À défaut un projet commun,
Au minimum un respect mutuel.

Les héros du quotidien

C'est quoi la vie si ce n'est les choses qui nous tiennent à
cœur ?
Ces choses qui nous font vibrer,
Qui font partie de nous ?

Avec elles, nous faisons un !
Nous réalisons des actes essentiels à la vie des autres,
Personne ne les remarque, pourtant ce sont nos héros du
quotidien.

La vie ce n'est pas beaucoup de choses,
Le bonheur ce n'est pas beaucoup de choses,
Juste les quelques choses qui te font vibrer.
Ces choses pour lesquelles aucun sacrifice n'est assez,
Aucun instant ne sera considéré comme perdu,
Ces choses pour lesquelles nous faisons des actes qui sortent
du lot.

Des actes qui nous rendent si fiers !
Des actes qui font de nous des héros du quotidien,
Des pompiers !
Des professeurs !
Des personnels de ménage !
Des éboueurs !
Des médecins !
Des prêcheurs !
Des chauffeurs !
Des parents !

Des amis !

Des gens bien, qui n'aiment que le bien pour eux et pour les autres.

Dépôt légale à la Bibliothèque Nationale Française : Mai 2022

ISBN : 978-2-9582664-0-0

Correction : Héloïse Marquier
Couverture : SophieR
Mise en page : Netbiz

9 782958 266400